D1736490

Compartiendo igualmente

por Hollie J. Endres

Consultant: Brad Laager, MA, Math Educator
Little Falls Community Middle School

Libros
sombrilla
amarilla
para lectores principiantes

Libros sombrilla amarilla are published by Red Brick Learning
7825 Telegraph Road, Bloomington, Minnesota 55438
http://www.redbricklearning.com

Editorial Director: Mary Lindeen
Senior Editor: Hollie J. Endres
Senior Designer: Gene Bentdahl
Photo Researcher: Signature Design
Developer: Raindrop Publishing
Consultant: Brad Laager, MA, Math Educator, Little Falls Community Middle School
Conversion Assistants: Katy Kudela, Mary Bode

Library of Congress Cataloging-in-Publication Data
Endres, Hollie J.
  Compartiendo igualmente / by Hollie J. Endres
      p. cm.
 ISBN 13: 978-0-7368-7338-3 (hardcover)
 ISBN 10: 0-7368-7338-4 (hardcover)
 ISBN 13: 978-0-7368-7418-2 (softcover pbk.)
 ISBN 10: 0-7368-7418-6 (softcover pbk.)
 1. Division—Juvenile literature. 2. Sharing—Juvenile literature. I. Title.
 QA115.E559 2005
 513.2'14—dc22

                                              2005016157

Adapted Translation: Gloria Ramos
Spanish Language Consultant: Anita Constantino

Photo Credits:
Cover: BananaStock Photos; Title Page: Brand X Pictures; Page 2: Eyewire/PhotoDisc Images;
Page 3: BananaStock Photos; Page 4: PhotoAlto; Page 5: Signature Design; Page 6: Digital
Vision Photos; Page 7: Signature Design; Page 8: Brand X Pictures; Page 9: Signature Design;
Page 10: BananaStock Photos; Page 11: Signature Design; Page 12: BananaStock Photos;
Page 13: Corbis; Page 14: Signature Design; Page 15: Brand X Pictures

1 2 3 4 5 6 11 10 09 08 07 06   MAY - 8 2007

Contenido

Compartiendo justamente

Estos estudiantes están aprendiendo a cómo **compartir**. Cuando compartes con un amigo, ¿estás siendo **justo**? El compartir es justo si todos reciben la misma cantidad.

¿Cómo compartimos en una manera justa? **Dividimos** las cosas igualmente. Miremos diferentes maneras de cómo podemos compartir **igualmente**.

Compartiendo entre dos

Aquí hay dos amigos. Tienen seis carros con que jugar. ¿Pueden compartirlos igualmente?

Para ser justo, cada amigo necesita un número igual de carros. Si toman turnos escogiendo los carros, cada uno tendrá tres carros.

¿Es justo entre tres?

Estos niños están preparando el almuerzo. Hay tres niños ayudando. Están haciendo seis emparedados. ¿Cómo pueden dividir los seis emparedados igualmente entre los tres amigos?

Toman turnas y cada uno escoge un emparedado en su turno. ¿Cuántos emparedados va a recibir cada uno? ¡Muy bien! Cada niño va a recibir dos emparedados.

¡Vamos a contar!

Estos cuatro amigos quieren darle flores
a la maestra. Le quieren dar 12 flores, o
una docena. Para compartir igualmente,
¿cuántas flores debe escoger cada
amigo? ¡Vamos a contar!

1, 2, 3, 4 cada amigo tiene una flor. Después cuentan 5, 6, 7 y 8. Cada uno tiene dos flores. Luego cuentan 9, 10, 11 y 12. Ahora cada amigo tiene tres flores. Las compartieron igualmente.

¿Puedes adivinar?

Aquí hay cinco amigos jugando en el parque. Tienen agua para compartir. Hay diez botellas de agua para los cinco amigos. Adivina cómo las pueden compartir igualmente.

Como hicimos anteriormente, cuenta:

1, 2, 3, 4, 5

6, 7, 8, 9, 10.

¿Cuántas hay para cada uno?

¡Cada amigo tiene dos botellas de agua!

No alcanza

A veces cuando compartimos igualmente hay cosas que sobran. Si hay tres personas y sólo dos columpios, ¿se pueden compartir igualmente? ¿Por qué no?

Los cantidades **impares** a veces se pueden compartir igualmente. Hay dos amigos, pero sólo una manzana. Si cortan la manzana por la mitad, tendrán dos pedazos. ¿La compartieron igualmente?

Tú y tus tres amigos tienen hambre. Hay cinco galletas. ¿Qué pueden hacer?

No hay manera de compartir cinco galletas entre cuatro amigos igualmente. Tienes una buena idea. ¡Ahora tu hermanito está feliz también!

Glosario

compartir   dejar que otra persona tenga parte de lo que tú tienes

dividir   separar algo en grupos

igualmente   tener el mismo número o la misma cantidad

impar   no se puede dividir en grupos de dos

justo   igual

Índice

Word Count: 352
Guided Reading Level: J